aumeton
M. le
nistre de
ntérieur.
P.

T61
2e

A SON EXCELLENCE

MONSEIGNÉUR

LE SECRÉTAIRE D'ÉTAT,

MINISTRE DE L'INTÉRIEUR.

A SON EXCELLENCE

MONSEIGNEUR

LE SECRÉTAIRE D'ÉTAT,

MINISTRE DE L'INTÉRIEUR.

Monseigneur,

C'est avec une confiance égale à mon respect que j'ose prendre la liberté de m'adresser à Votre Excellence, et de lui demander de m'entendre. J'ai la certitude que c'est tout ce que je dois désirer pour que justice me soit rendue.

De toutes les inventions, il n'y en a peut-être aucune qui ait éprouvé la vingtième partie des obstacles que, depuis nombre d'années, on m'a opposés, relativement à l'invention d'un spécifique pour la brûlure, dont je suis l'auteur, et dont je désire m'assurer la propriété.

De tous les fléaux qui affligent l'espèce humaine, celui du

féu est un des plus fréquens et des plus terribles : le feu est l'agent le plus actif de la création et de la destruction. Je n'abuserai point des momens précieux de Votre Excellence par le détail des raisonnemens qui m'ont dirigée, dont l'expérience a invinciblement prouvé la justesse.

Je ne m'arrêterai donc qu'à l'expérience seule, cette mère des sciences, pour mettre Votre Excellence à même, soit par les épreuves déjà faites, ou par celles qu'elle jugerait convenable d'ordonner de nouveau, d'apprécier mon spécifique pour la brûlure, qui joint à la vertu de guérir promptement et parfaitement, celle de faire cesser la douleur à l'instant même de son application.

La médecine n'avait rien découvert pour calmer tout de suite la *douleur* intense, intolérable, morbifère, de la brûlure, ni pour la *guérir parfaitement*, je veux dire sans qu'il en restât des traces affreuses; encore moins pour la guérir *promptement*. Au lieu de quelques heures, de quelques jours, il lui faut des semaines et des mois.

La continuité et l'intensité de la douleur, qui, dans les brûlures graves, va toujours en augmentant jusqu'au neuvième, douzième, ou quinzième jour, conduisent souvent les malheureuses victimes à la mort, dans ces premiers jours, ou dans peu de semaines. Eh bien! selon les données qui me sont fournies par l'expérience, sur le degré d'efficacité de mon *remède*, toutes, à très-peu d'exceptions, seraient sauvées, s'il était administré à temps, sur-tout par des gens de l'art, au fait de l'art délicat des pansemens.

VOICI LES FAITS.

1° M. Suiwte, garde des bijoux de la couronne à Londres, a un enfant qui avait deux ans lorsqu'il fut très-fortement brûlé. Sa guérison, par les remèdes usités, devait être très-lente ; elle fut très-prompte par l'application de mon spécifique.

2° Des Anglais, il y a trois ans, connaissant la bonté de mon spécifique, vinrent me proposer d'en acheter le secret ; mais ce fut inutilement : mon intention ayant toujours été de réserver l'honneur de la découverte à mon pays, il est de mon devoir de le préférer à tout autre, pour y mettre au jour mes idées nouvelles et utiles au soulagement de l'humanité, ne voulant point ressembler à ceux qui ont préféré porter chez nos voisins leurs découvertes, pour que nous allassions les rechercher à grand prix d'argent. Je me bornerai à citer trois faits, ceux qui concernent la quincaillerie, le gaz et le vaccin.

Des Anglais demandent à acheter le secret.

3° 4 *juin* 1826. Madame Lallement, maison du boucher, faubourg Montmartre, est brûlée depuis le sommet de la tête jusqu'aux bas des épaules. Le 5, je suis appelée. Ses chairs, ou plutôt les escarres charbonneux résonnaient comme des morceaux de bois ; ainsi les chairs, les tégumens, les vaisseaux, étaient désorganisés, morts, entièrement pétrifiés. La brûlure était de la troisième classe, des plus graves, reconnue mortelle dans les premières 24 heures. M. Mencel, médecin qui fut appelé le reconnut ainsi. Je lui dis néanmoins que j'espérais sauver la malade. Les pansemens ont lieu à l'instant avec mon spécifique ; les douleurs intolérables cessent soudain ; treize jours après, les escarres sont toutes tombées, les chairs sont dans un état satisfaisant de régénération, de végétation (qu'on me passe cette expression, à cause de sa justesse, relativement à ce qui se passe dans la reproduction des chairs opérée par mon spécifique) ; la crise la plus dangereuse était franchie, et la malade n'avait point souffert ; la cure avait une marche progressive qu'on pourrait dire presque *merveilleuse*. Les parens, occupés des soins de leur commerce, qui se trouvaient contrariés par ceux qu'exigeait la malade, crurent pouvoir l'envoyer à l'hospice pour achever de la guérir. MM. Dubois père et fils , en la voyant, témoignèrent leur surprise, avec cette vérité qui accompagne toujours le talent chez l'homme vraiment supérieur. M. Mencel, qui savait comme eux que cette brûlure était mortelle dans les premières vingt-quatre heures, leur déclara qu'elle avait été soignée avec la pommade *Chaumeton*. La cure, qui avait été journellement de mieux en mieux, alla chaque jour, avec les meilleurs remèdes usités, de plus mal en plus mal, et la victime succomba, le vingt-neuvième jour de son entrée à l'hospice.

Une femme préservée d'une amputation , et guérie en 10 jours, au lieu de 60 et plus , présumes nécessaires.

4° *Trois janvier* 1826. M. Lugol, médecin à l'hospice Saint-Louis, me fit appeler pour une de ses malades qui s'était brûlée une main trois jours avant , et qu'il craignait d'être obligé d'amputer. Il demanda à la demoiselle de ma maison si cette brûlure pouvait être bien guérie dans DEUX MOIS par le moyen de ma pommade? Elle lui répondit qu'il faudrait beaucoup moins de temps. M. le docteur ne fut pas peu surpris en voyant qu'il n'y paraissait plus rien au bout de DIX JOURS.

Mlle Etienne guérie très-promptement d'une brûlure aux yeux.

5° Précédemment, le même docteur a fait une autre belle cure avec ma pommade. Mlle Etienne, fille de l'ex-député, avait eu les yeux brûlés par de la graisse bouillante. L'application de mon spécifique l'a guérie très - promptement.

Mgr l'Archevêque de Bordeaux guéri de la terrible brûlure qui a fait tant de bruit.

6° *Vingt-trois février* 1826. Dans le cours de l'hiver dernier, le vénérable archevêque de Bordeaux fut atteint d'une horrible brûlure , dont les journaux ont parlé, et ce cruel accident fut ressenti par toutes les ouailles du vénérable pasteur. M. de Marcellus , pair de France , qui avait appris la bonté de mon spécifique, se hâta de l'envoyer chercher ; il arriva le *vingtième* jour de l'accident, qui était le 15 mars ; et le 5 avril les journaux nous ont annoncé la guérison.

(5)

7° *Le 25 février* 1826. Un ouvrier teinturier, rue Grenier-Saint-Lazare, n° 17, a un bras entièrement brûlé par la chute d'une chaudière d'eau bouillante, saturée de litarge anglaise et autres mordans très-actifs, employés dans la teinture des soies de porc, ladite eau ayant déjà servi trois fois à cet usage, ce qui lui donnait un degré de causticité bien plus grand : elle était telle que la partie immergée et décomposée faisait corps avec la chemise ; de sorte que l'on ne put lui ôter celle-ci qu'en lui arrachant la peau qui y était adhérente. La victime de ce terrible accident ne vint chez moi que le troisième jour et fut soulagée à l'instant. Le quinzième jour elle était parfaitement guérie. N'est-il pas présumable, d'après cet exemple étonnant, si étonnant que les médecins, M. Alibert sur-tout, ne pouvaient pas le croire, disant que si la brûlure avait été telle, il aurait fallu amputer le bras ; n'est-il pas présumable que la jeune princesse Waschiswert eût été sauvée par mon spécifique, et que madame la comtesse Molé, qui a souffert près de *trois mois* d'une brûlure faite par l'application d'un cataplasme trop chaud, eût été guérie dans les vingt-quatre heures, sans éprouver de douleur. (*V.* n° 8.)

8° *Avril* 1826. Un ouvrier forgeron, du faubourg Poissonnière, eut l'œil droit brûlé par le contact d'un fer rouge lancé par accident. Un habile apothicaire, qui connaissait ma pommade, la lui procura. La douleur, qui était très-vive, *disparut aussitôt.* L'autre œil, qui était sympathiquement affecté et privé de la lumière, put la supporter à l'instant, presque sans douleur. (*V.* n° 9.)

On traitera ce résultat de chimérique ; on aura raison de demander à consulter l'expérience ; mais si cette même expérience vous assure les guérisons, rejetterez-vous sa voix lorsqu'elle vous annonce la cessation de la douleur, et ne voudrez-vous l'écou-

ter que lorsqu'elle vous en annonce la continuation ? Pleine-
ment convaincue, par mes épreuves, de la *cessation de la douleur* aussitôt après l'application du topique, aussi bien que de la
prompte guérison qu'il opère, j'ai été jusqu'à offrir à l'Académie royale de médecine d'en faire l'expérience sur moi-
même, et cela en sa présence.

Elle a regardé comme une cruauté de le permettre.

Alors, à son insu, *le 28 décembre 1826*, chez Mme Prieur,
sage-femme, rue des Marmouzets, n° 16, et sous un nom emprunté, celui de Mme Chauveau, je fis appeler le respectable
docteur Tallard, que je ne connaissait que de réputation, pour
m'accorder ses soins dans la brûlure que je venais de me faire
au pied droit, en y versant, comme une douche, une
pleine caffetière d'eau bouillante. Le docteur vit la gravité
de la lésion opérée sur la partie affectée ; il vit, et il ne
pouvait pas en douter, les vives douleurs qui en étaient in-
séparables ; il vit que la pommade *Chaumeton*, que j'appliquai sur la partie brûlée, a empêché les progrès de *l'inflam-*
mation, au point que les douleurs, qui étaient très-vives au
moment de la brûlure, ont cessé presqu'au même instant. Je
rapporte les propres expressions de son Certificat ci-joint
(*Voy.* n° 12). M. le docteur vit les douleurs, et moi seule
je les sentais. Je puis dire n'avoir de ma vie jamais éprouvé
de pareilles souffrances !

Je ne m'étonne plus si une douleur si extraordinaire,
si délétère, tue, *par sa continuité*, ceux qui la souffrent.
Combien il importe donc d'avoir un moyen de la faire cesser !
Après cela, la guérison radicale de la plaie en elle-même
n'est plus rien. La pommade y étant appliquée, retenue, vous
pouvez, sans douleur, sans incommodité aucune, vaquer
à vos affaires ; la partie désorganisée, frappée de mort par
l'action du calorique, où, en un mot, les chairs détruites,

reviennent, végètent promptement , sans que cette végétation vous fasse éprouver aucune impression, pas plus que celle qui s'opère dans les plantes de votre jardin.

Plusieurs de ceux qui ont eu connaissance de cette épreuve sur moi-même , m'ont comparée à des héroïnes dont parlent nos annales; et d'autres , trompés par mon nom , ont dit : C'est bien là le courage d'une Anglaise ! Le fait est pourtant que je suis Française. Mais cela fait voir quel est l'empire des préjugés en tout genre ! Mon courage , bien analysé, n'est autre chose que la certitude de l'absence du danger. Braver un danger chimérique , ce n'est pas être plus courageux qu'un autre , c'est seulement voir plus clair , et c'est bien quelque chose dans une vie où l'on est sans cesse victime de tant d'illusions; je dirai seulement : Est-il beaucoup de docteurs, d'inventeurs, qui voulussent se soumettre ainsi à l'épreuve de leurs remèdes ?

10° Non contente de cette expérience , ou plutôt de ce seul Certificat, quelque positif qu'il soit, je voulus en avoir un autre. Je me brûlai une seconde fois avec du bouillon gras et de la graisse bouillante, et je fus me mettre dans l'hospice de M. Dubois, pour y être soignée. C'est ici où il a fallu du courage pour sortir de ma maison et entrer dans un hospice. J'y vins sous le nom emprunté de Madame Pernet. La brûlure fut trouvée très-grave par M. le chirurgien de garde , qui en rendit compte à M. Dubois, le chirurgien en chef; l'un et l'autre ne furent pas peu étonnés de ma prompte guérison , opérée par l'emploi de mon remède; M. Dubois me dit de continuer l'emploi de la pommade Chaumeton; et je pourrais citer une multitude d'autres expériences, toutes également heureuses.

Je puis ajouter à tant d'honorables témoignages l'approbation de beaucoup d'autres docteurs. M. Sedillot, membre de

Autre expérience encore plus fortes, faites sur moi-même.

l'Académie de médecine, m'autorise à le nommer, comme croyant mon remède très-bon, très-utile, d'après le compte qu'a bien voulu lui rendre M. le professeur Dupuis des expériences faites à Alfort ; M. Montcourier, d'après des expériences qu'il en a faites.

Mon cousin le docteur Chaumeton, trop tôt enlevé aux sciences, a été le premier de leur avis ; je dois à cet homme célèbre la force de mon courage et de ma constante persévérance

11° Me voici à la célèbre *Ecole vétérinaire d'Alfort*, devant MM. Girard et Dupuis, l'un directeur, et l'autre célèbre professeur de ladite Ecole, tous les deux membres de l'Académie, qui les a nommés Commissaires pour suivre l'effet de mes expériences.

Les premières ont eu lieu pendant l'hiver dernier, sur trois chiens, dont l'un fut guéri par mon spécifique, l'autre avec le meilleur des remèdes usités, et le troisième fut abandonné à la nature, d'après l'excellente idée du président de l'Académie, M. Vauquelin. Ces trois chiens furent cautérisés, sur la croupe, avec un fer incandescent, chauffé à la forge. La cautérisation fut profonde. Les mouvemens spasmodiques furent très-violens sur ces trois animaux. Ils cessèrent chez le mien dès l'application de mon spécifique. Je passe sur tous les détails de la cure, qui eut lieu dans une auberge du lieu, tenue par les sieur et dame Tissier, afin que MM. les professeurs et les élèves fussent à même de s'assurer, chaque jour, des progrès de ladite cure, qui, outre l'absence de ma maison, de mes affaires, m'a occasionné plus de 3oo fr. de frais de séjour. Cela n'a pu empêcher qu'elle n'ait été traversée par des accidens fréquens, occasionnés par le dérangement de l'appareil, l'animal faisant de fréquens efforts pour manger sur la plaie la pommade qui y était appliquée, et qui est fort du goût des chiens.

Expériences devant les Commissaires de l'Acad. à l'Ecole d'Alfort.

J'observerai seulement que les difficultés ont été d'autant plus grandes, que j'avais étudié la manière de l'employer sur les hommes, et je ne l'avais pas étudiée pour l'éprouver sur des chiens, ce qui est bien différent ; néanmoins, mes chiens ont été guéris en moitié moins de temps que ceux de l'Ecole.

Il est inutile de dire qu'il est hors d'exemple, ou du moins très-rare, de rencontrer des brûlures aussi profondes chez les personnes que l'étaient celles de ces trois chiens, brûlés avec un fer incandescent, tenu appliqué sur la partie, avec une forte pression, pendant plusieurs secondes.

La première terminée, comme je viens de le dire, M. Dupuis jugea à propos de passer à une seconde, sur une brûlure du troisième degré, plus profonde, où il serait entré la moitié d'un œuf de poule.

Après ces deux expériences, une autre encore eut lieu dans l'été (ce qui fait trois en tout), afin de s'assurer si le changement de température n'apporterait pas quelque changement dans l'effet du remède. Les effets comparatifs furent les mêmes, mais beaucoup plus fatigans pour moi. Ne pouvaut m'absenter aussi long-temps de ma maison, j'y revins ; mais tous les jours, je me rendais à Alfort pour les pansemens. Plus de 600 fr. de dépenses effectives, sans compter les pertes et des peines infinies, ont été les suites de ces expériences (*V.* n° 6.)

Je dois faire observer à V. Exc. que ces coûteuses et laborieuses expériences n'ont point été faites légèrement, au hasard ; que, pour parvenir à connaître la vérité, le célèbre président de l'Académie de Médecine, M. Vauquelin, crut devoir en écrire à M. Girard, pour lui proposer les moyens que l'on croyait devoir être employés de préférence, et qui furent employés en effet. Je possède la copie de la lettre de M. Vauquelin, que je crois devoir joindre ici, pour prouver l'authenticité de mes expériences (*V.* n° 1.)

Durant et après ces expériences, M. Dupuis en a témoigné sa satisfaction. Lorsqu'elles furent finies, il en communiqua le résultat à M. Girard , nommé rapporteur par le comité de l'Académie, en lui disant qu'il pouvait faire un rapport favorable , comme il le ferait lui-même , s'il en était chargé. Mais , soit à cause de la perte cruelle de son fils , soit pour toute autre cause que j'ignore, M. Girard n'a point encore fait son rapport à l'Académie. Dans cet état de choses , pourquoi le modeste savant qui a présidé à ces expériences , et les a *seul suivies* (M. le professeur Dupuis) , ne ferait-il pas le rapport, lui qui peut le faire autrement que sur des *ouï-dire ?*

C'est à force d'avoir consulté la théorie que j'ai appris , avec bien de la peine et de grandes dépenses , à conuaître qu'elle était ici , comme en une infinité d'autres cas , un *oracle muet*. La théorie ne montre pas , parmi les substances que j'emploie , celles réputées avoir la vertu curative ; mais la pratique le montre , ce qui vaut beaucoup mieux.

HIPPOCRATE disait aux Grecs : Etudiez la nature dans la nature ; au lieu de l'étudier dans vos systèmes , *observez-la*. Après deux mille ans d'erreurs obstinées , on convint qu'*Hippocrate* avait raison , et que la véritable méthode pour arriver à des connaissances réelles c'est l'*observation*. Mais on a beau en être convenu , le penchant de l'homme , sur-tout chez les peuples spirituels , l'entraîne toujours à préférer la voie des *systèmes* à celle de l'*observation* , parce que ce moyen est plus court , plus brillant. Les plus grands esprits seront les plus ardens à se jeter dans cette voie séduisante.

Il n'est donc pas surprenant , d'après ce raisonnement , que je sois parvenue à ma découverte ; la théorie ne nous montrant point , par la connaissance intime des corps , dans ceux que j'ai combinés , quelle est celle de léurs substances où réside la vertu occulte curative de la brûlure, ni même si ce n'est pas la forme des molécules composantes qui a cette vertu, plutôt que la substance en elle-même. Cela prouve bien que mon spécifique ne peut être jugé que par des expériences. J'avoue que j'aurais pu faire ces observations en présentant mon spécifique ; je prie messieurs les membres de l'Académie de me pardonner cette faute ; ils savent que la loi n'assujettit les inventeurs des remèdes qu'a faire connaître les substances qu'ils y emploient, pour s'assurer s'il n'y en entre pas de malfaisantes, et je me bornai à cela.

N. B. J'ai oublié de rapporter en son lieu un témoignage très-respectable, qui part de l'hôtel de Votre Excellence même. Il y a environ 22 mois que je reçus des éloges fort inattendus de la part d'une personne fort éclairée et fort connue dans la société, madame la baronne Capelle, épouse du secrétaire du ministère de l'intérieur, qui me dit avoir été témoin elle-même de la bonté de ma pommade sur l'enfant brûlé d'une de ses amies, demeurant rue de la Michodière, n° 15.

CONCLUSION :

Je prie Monseigneur de prendre en considération l'efficacité positive de mon spécifique ; il ne peut être jugé que par des expériences, les lumières de la théorie chimique où pharmaceutique étant muettes à ce sujet.

Si toutes les preuves positives que je viens de rapporter sont trouvées insuffisantes, je consens qu'elles ne soient considérées que comme un *commencement de preuves écrites et testimoniales* ; qu'alors on m'admette à les répéter, soit devant V. Exc. même, soit devant l'Académie ou des commissaires, ou *sur moi-même*, ou sur des *personnes brûlées*, dont les hospices ne sont que trop remplis.

Je prie MM. les membres de l'Académie d'avoir la bonté de me continuer leur bienveillance, en voulant bien déterminer le mode et le nombre des expériences déjà commencées depuis 1825 ; je me ferais un devoir en tout de suivre ses volontés. Je lui demanderais encore une faveur, celle de m'éviter, s'il est possible, de recommencer ces expériences sur les animaux, attendu que ce mode est trop fatigant.

Je crois inutile de m'étendre davantage sur un sujet où tout est positif, et qui ne demande que des yeux pour voir, et de la bonne foi pour être convaincu.

Qu'il me soit permis aussi d'espérer que Votre Exc., lorsque les nouvelles expériences auront démontré l'utilité de mon remède, voudra bien regarder comme un objet d'un intérêt général, un service à rendre à l'humanité, d'en ordonner l'acquisition pour le gouvernement. On sait, en effet, que les nombreux accidens des brûlures obligent les hospices à recevoir souvent des pères et mères de famille, des militaires, etc., pendant des trois, quatre ou cinq mois ; ce qui, en mettant leurs familles dans la gêne occasionne beaucoup de frais à l'état et aux communes. Combien même de ces malheureux succombent à ces accidens. Par l'acquisition de mon spécifique, on préviendra donc de grandes dépenses et de nombreux malheurs.

Je suis avec un profond respect,

Monseigneur,

De Votre Excellence,

La très-humble et très-obéissante servante,
Ve MEFFRE-CHAUMETON.

Rue St-Dominique, n° 11, Faub. S.-G.

PIÈCES JUSTIFICATIVES.

N° I.

Lettre de M. Vauquelin, Président de l'Académie royale de Médecine de Paris, à M. Girard, Directeur de l'École royale vétérinaire d'Alfort.

Monsieur et cher Confrère,

Permettez que je recommande à votre complaisance Mme Chaumeton, qui désire soumettre à votre examen les propriétés d'un remède contre la brûlure.

Elle aurait besoin que l'on mît à sa disposition quelques animaux, des chiens par exemple, auxquels on ferait des brûlures, et dont quelques-uns seraient pansés avec son remède ; les autres, avec les meilleurs moyens connus ; et les autres, abandonnés à la nature.

Connaissant la bonne foi de cette Dame, je pense qu'il n'y aurait aucun inconvénient à seconder ses vues, en lui procurant les moyens propre à faire connaître aux gens de l'art les effets de sa composition.

D'après cela, je vous prie d'avoir la bonté de faire à son égard tout ce qu'il sera possible. J'en serai très-reconnaissant.

Agréez, Monsieur et cher Confrère, l'hommage du profond respect avec lequel j'ai l'honneur d'être votre très-humble serviteur.

Signé VAUQUELIN.

Paris, ce 23 février 1825.

N°s II et III.

Lettre à M. Dupuis, professeur à l'École d'Alfort, et membre de l'Académie royale de médecine.

Monsieur le professeur,

Je me suis trouvée, quelques jours après la première audience que vous m'avez fait l'honneur de m'accorder, au rendez-vous indiqué, mais vous n'y étiez pas. J'aurais eu l'honneur d'aller vous voir demain si je ne me trouvais incommodée, car j'aurais beaucoup désiré vous faire part de vive-voix du résultat de ma visite à MM. Vauquelin et Sédillot, vos respectables confrères à l'Académie.

Permettez-moi, monsieur, de profiter de l'occasion de ma lettre, pour mettre sous vos yeux une courte relation de mes expériences. Je le fais avec la confiance que si le commissaire qui nous est donné par un corps savant est un contradicteur nécessaire, d'un autre côté, il est le protecteur né des inventions utiles. Pénétrée de ces principes raisonnables, je ne le suis pas moins que la vérité est la première protectrice de ces mêmes inventions. Sous ce rapport, quel plus digne organe pouvait-elle avoir que le digne professeur qui s'en montre l'apôtre fervent, encore plus par toute sa conduite que par ses paroles !

Voici donc ma briève relation : elle se bornera au récit des fait principaux ; je me réfère entièrement à votre sagacité pour tirer les conséquences de ces faits.

Première et deuxième relation des expériences faites sous les yeux de M. le professeur Dupuis, à l'Ecole royale vétérinaire d'Alfort.

Le 23 *février*, trois chiens furent cautérisés à l'Ecole d'Alfort. L'un d'eux fut abandonné à mes soins, ou soumis à l'épreuve de mon spéci fique pour la brûlure. Les deux autres restèrent à l'Ecole, où l'un d'eux a été soumis à un des remèdes usités, sans doute le plus efficace. Le troisième a été abandonné à la nature, d'après l'idée heureuse du savant M. Vauquelin, votre président.

Ma cure a été considérablement retardée par le goût passionné qu'ont les chiens pour ma pommade, ce qui les porte à se *lécher* violemment ; ensuite, par le *frottement ou le choc*, souvent sanglant, de corps étrangers. Il serait peut-être possible de trouver un moyen de remédier à ces deux inconvéniens ; mais je ne le regarde pas comme fort essentiel, mon spécifique étant destiné à être appliqué aux *hommes* plustôt qu'aux *chiens*, sur lesquels l'Académie, qui ne connaît pas comme moi l'effet de ce spécifique, a cru devoir faire ses premières expériences. Néanmoins, je n'ai pas laissé que de chercher ce moyen d'application ; je l'ai à-peu-près trouvé, pour ce qui est d'empêcher l'animal de se lécher,

par l'emploi d'un clayon que vous avez vu. Je dis à-peu-près , parce
que l'animal a employé , pour s'y soustraire , une ruse à laquelle j'étais
fort loin de m'attendre ; ça été de se frotter contre un mur ou même par
terre , puis d'y lécher avidemment la pommade. Cependant , j'ai regar-
dée cet obstacle comme aux trois quarts vaincu par le clayon.

Le 16 mars , malgré tous ces inconvéniens , dont mon courage ne s'est
point rebuté , convaincue que je pouvais désormais opérer plus sûrement , j'ai eu l'honneur de vous soumettre le projet , que vous avez ap-
prouvé , de brûler un quatrième chien , qui a été soumis à l'épreuve de
mon spécifique. Et , pour qne cette expérience fut encore plus con-
cluante , vous avez ordonné aux élèves qu'il fût brûlé encore plus pro-
fondément que les autres. Le lendemain, on apercevait l'os de la cuisse.
Ici je vous dois des excuses pour la puérilité d'une femme qui , n'ayant pu
voir tout ce ravage , sans en devenir toute tremblante , a été jusqu'à vous
accuser en face d'être le meurtrier de son chien !.... Ce n'est pas assez
de s'excuser , je vous dois encore des remerciemens pour m'avoir mise
sur la voie de faire ma plus belle expérience , celle sur une *plaie pro-*
fonde , comme le désirait M. le docteur Sédillot. J'avoue que , de moi-
même , je n'eusse jamais pu m'y porter, y compris les deux de l'École.

Le 23 mars , chez ce quatrième chien cautérisé , revêtu immédiatement du clayon, *sept* jours après la cautérisation , les chairs avaient re-
poussée, la cavité était remplie , et si les chairs du milieu de la plaie n'é-
taient pas tout-à-fait de niveau avec les bords , c'était presque imper-
ceptible , ainsi que vous le vîtes vous-même.

Le 1er avril , malgré tous les accidens susdits , la cautérisation de
mon premier chien était parfaitement cicatrisée. — Ceux restés à
l'Ecole , que j'ai vus le 7 , avaient encore la chair à découvert , sur
une surface assez étendue , égale à un petit éeu dans celui abandonné
à la nature , et à un écu de six livres dans celui soumis au remède
usité qui a été employé. On peut estimer , d'après la marche de la
cicatrisation , toujours plus lente à mesure qu'elle approche du centre
de la brûlure , où elle a été plus profonde , que celle de ces chiens
ne peut guère être terminée que vers la fin du mois, du plus au
moins , sur-tout pour celui soumis au remède usité qui a été emp'oyé.

Cela ferait donc (malgré tous les accidens), une différence d'un mois de ma première cure aux deux autres; c'est-à-dire *la moitié* plus de promptitude.

Le 11 avril, la cicatrisation du deuxième chien était très-avancée; il n'y avait plus qu'environ un travers de doigt de chair à découvert, sur la longueur de deux pouces, et sur une brûlure, y compris le cercle inflammatoire ou squirreux, de douze pouces carrés.

Le 17 avril, aujourd'hui. même, le deuxième chien est guéri, à la surface près, de la longueur d'un tuyau de plume à écrire, qui n'est pas encore recouverte par la nouvelle peau, très-belle, et sans marque apparente de cicatrice, comme si cela n'avait pas été brûlé. Cette dernière cure, que j'ai cru d'abord impossible, d'après la profondeur de la plaie, et que l'on devait présumer devoir être beaucoup plus longue que la première, se trouve pourtant avoir été aussi prompte! Elle a été opérée dans un mois. (Cela permet de conjecturer que si j'avais d'abord employé le *clayon*, la première cure eût été trois fois plus prompte que celle des chiens restés à l'Ecole.)

Mais c'est sur-tout à la dernière cure, celle du deuxième. chien, que je dois m'arrêter. Brûlé le 16 mars, guéri le 17 avril, à un rien près, c'est-à-dire dans un mois contre deux, lorsque la brûlure, étant au moins du double profonde que celle des chiens de comparaison, ou pouvait présumer que la cure serait aussi du double plus longue, c'est-à-dire de *quatre mois*. Mais il est guéri dans un mois; c'est-à-dire *quatre fois plus promptement que celui resté à l'Ecole.*

Mais en réalité (en dépouillant la comparaison de toutes les probabilités relatives à la gravité de la brûlure), ce deuxième chien se trouve guéri, avec une brûlure d'au moins le double, dans un mois, au lieu de deux qu'a duré la cure de ceux restés à l'Ecole; c'est-à-dire *deux fois plus promptement.*

Voilà les faits.

Vous savez que je ne les déguise pas.

Donc. . . . .

Sur les conséquences à tirer de ces faits, je ne demande que justice. Je suis parfaitement tranquille sur ce point, puisqu'il est de votre juridiction. Je vous supplie de m'accorder votre protection, pour me faire passer immédiatement aux expériences sur les *personnes* (telles que les brûlés dont sont malheureusement remplis les hospices de Paris), celles sur les *animaux* étant par trop pénibles, par la difficulté de les contenir. Il est un autre point qui les rend encore extrêmement difficiles.

L'appareil doit être levé, sur-tout dans les premiers instans, et une nouvelle pommade appliquée, aussitôt que se fait sentir la douleur, que la pommade a la propriété de faire cesser à l'instant. Mais lorsque c'est un animal que l'on soigne, comment savoir quand la douleur se fait sentir, faute de pommade, à moins qu'elle ne soit très-vive ? La fusion de celle-ci, plus ou moins prompte, dépend d'une infinité de circonstances qu'il est inutile de dire ici. Seulement, j'aurai l'honneur de vous faire observer que je crois que le dérangement continuel de la pommade est très-nuisible et a empêché que la cure ne fût plus prompte, parce que, non avertie du retour de la douleur, je levais intempestivement l'appareil au moment où la fusion s'opérait, c'est-à-dire au moment où la nature et le remède agissaient de concert, concert précieux que je venais interrompre ! Cet inconvénient n'a pas lieu chez les personnes qui avertissent dès l'instant du retour de la douleur, qui est celui où il faut appliquer de nouvelle pommade sur la partie qui se trouve à découvert.

Ainsi, je vous supplie de conclure, en définitive, pour que, d'après les faits constatés, je sois admise dans les hospices pour y opérer sur nos frères infortunés, frappés du fléau de la brûlure. Je puis vous dire que ces conclusions seront appuyées par MM. Vauquelin et Sédillot, à qui j'en témoignai le désir, après leur avoir montré les animaux avant et après leur guérison.

Je suis avec un profond respect, etc.

Paris, ce 17 avril 1825.

N° IV.

COPIE *d'une lettre à M. Vauquelin, Président de l'Académie royale de Médecine.*

MONSIEUR LE PRESIDENT,

Permettez que j'aie l'honneur de vous transmettre copie de

la relation circonstanciée de mes expériences, faites sous les yeux de M. Dupuis.

C'est dans cette relation, jointe à ce que vous avez vu de vos yeux, que j'espère que vous trouverez de nouveaux motifs à vouloir bien continuer de m'honorer de vos bontés, pour que je passe immédiatement aux expériences sur les personnes.

Je vous prie, Monsieur, d'agréer le témoignage de ma vive reconnaissance ; elle égale la haute considération avec laquelle j'ai l'honneur d'être,

Monsieur,

Votre très-humble, etc.

N^e V.

RELATION *adressée à M. Dupuis, Professeur à Alfort.*

MONSIEUR LE PROFESSEUR,

J'ai eu l'honneur de voir M. le docteur Sédillot, qui m'a fait part de votre dernière conférence à l'Académie, touchant mes expériences. Il m'a dit que vos conclusions seraient conformes à mes désirs, pour passer immédiatement aux expériences sûr les *personnes*. Je vous avoue que c'est tout ce que je désire. Il m'a témoigné que ce n'est pas sans quelque regret qu'on discontinuerait à les suivre aussi sur les animaux.

C'est sur le dernier point que je me propose de vous soumettre quelques réflexions, tirées de ces expériences mêmes sur les bêtes. Je n'ajouterai rien à ce que contient ma première lettre, sur le résultat comparatif de ces expériences jusqu'au 17 avril. Mais j'ajouterai, ce qui le confirme, que, depuis cette époque, la marche de la cure a été encore plus lente sur les deux chiens de l'Ecole que je ne l'avais présumé ; puisque, loin d'être tout-à-fait guéris sur la fin d'avril, selon ma supputation , il faudra encore plus de quinze jours au-delà ; tandis que mon deuxième chien , que vous verrez jeudi, est tout-à-fait guéri depuis le 3 du courant, ce qui fait toujours la même différence de temps notée dans ma précédente. Il y en a encore une autre dont les résultats matériels, que je dois remarquer ici : c'est que, chez les chiens de l'Ecole, les plaies non fermées le 26 avril, jour où je les ai vus (celle du chien abandonné à la nature étant encore de la grandeur d'un centime , et celle du chien soumis au remède usité de la grandeur d'une pièce de deux francs), étaient encore purulente sur les bords, d'un ton qui m'a paru fatigué et blafard ; tandis que chez les miens, si ce n'est dans les premiers jours où il y a eu tant soit peu de pus, j'ai évité la suppuration , ce qui prouve que mon spécifique , par ses qualités rafraîchissantes, lénitives et végétatives, non-seulement arrête l'action délétère de la brûlure sur la partie qui n'a pas été entièrement désorganisée à l'instant même de l'incandescence, mais encore fait revenir les chairs et la peau détruites avec une bien plus grande promptitude, et que la peau nouvelle est ici d'un meilleur aloi, ayant un ton naturel et vigoureux, non moins satisfaisant que la promptitude de sa formation.

Peut-être dira-t-on que j'ai vu ces résultats matériels avec les yeux de la foi. C'est pour cela que je ne m'arrêterai qu'à la comparaison rigoureuses des temps ; savoir : que mon premier chien se trouve avoir été guéri dans *un mois*, au lieu d'environ *trois mois* que dure , ou durera, la cure des chiens de l'Ecole ; et que mon deuxième chien (brûlé deux ou trois fois plus gravement , et jusqu'à l'os de la cuisse), a été guéri complètement dans *un mois et demi*, au lieu de *trois* susdits, ce qui fait toujours LA MOITIÉ MOINS DE TEMPS (sans s'arrêter aux résultats matériels signalés).

Après ces remarques, dont j'ose croire que vous reconnaîtrez l'exactitude, sans entrer dans le détail de beaucoup d'autres différences que je pourrais peut-être signaler, et que vos yeux exercés saisiront mieux que moi, je dois ajouter un mot à ce que j'ai dit, dans ma précédente, touchant l'extrême difficulté d'opérer sur les bêtes. Je n'avais pas dit, parce que vous l'aviez vu, mais je crois devoir ajouter, pour que vous le fassiez voir et le rendiez sensible à l'Académie, ce dont je vous prie, que ma pommade ne s'emploie les premiers jours qu'avec un appareil composé de linge et de coton, afin d'entretenir une douce chaleur qui facilite sa fusion et son infiltration, d'où dépend (selon moi), tout le succès, je veux dire le gain du temps, sans parler du gain tonique ou physionomie de la partie restaurée et de la partie reproduite à neuf. Or, cet appareil ne peut être exactement maintenu en son lieu qu'en gardant l'animal, qui veut s'en débarrasser, à l'œil et à la main, avec le soin qu'exige, en pareil cas, un être privé de raison. J'ai bien attaché, d'abord, comme vous l'avez vu, le troisième chien sur un paneau disposé à cet effet ; mais cet état de contrainte le rendait furieux ; on voyait ses yeux allumés, pleins de rage, ce qui devait produire une irritation humorale, nerveuse et musculaire, tout-à-fait opposée à ce calme lénitif qu'exige la cure ; puis de cet état d'effervescence il tombait, de fatigue, dans une sorte de stupeur, les yeux colères et mornes..... Bref, touchée de l'état d'angoisse de ce pauvre animal, je l'ai délivré ; aussitôt libre, nous avons été bons amis, ses yeux ont repris leur sérénité, et ses pauvres nerfs et ses muscles leur assiette naturelle, bien que cette liberté eût des bornes, puisque je l'empêchai alors par le *clayon* de se lécher. Mais le clayon ne peut point empêcher l'appareil de se déranger, et le moindre dérangement produit non-seule-

ment un frottement nuisible sur la partie malade , mais **y**
déplace la pommade , sans qu'on s'en doute , si ce n'est lorsque la douleur , devenue trop vive par le défaut de pommade ,
les grimaces et les gémissemens recommencent..... ; toutes
choses qui ne peuvent avoir lieu chez les êtres raisonnables.

Or , Monsieur , comment combattre complètement , chez
les bêtes , tous ces obstacles cruels ? Comment , avec ces
obstacles , faire des expériences précises sur le degré de bonté
comparative de mon spécifique avec les remèdes usités , puisque ceux-ci , qui ne sont pas du goût des chiens , s'emploient
à découvert , sans appareil ? Cet appareil , je le sais , est un
inconvénient de mon remède opérant sur les bêtes. Mais
loin d'en être un chez les personnes, il empêche l'action de
l'air , sur-tout après la fusion de la pommade; donc, comme
c'est aux personnes qu'il est principalement destiné , cet
obstacles avec les *bêtes* est un avantage positif avec les *personnes*.

Dira-t-on encore qu'il faut être sûr de l'effet d'un remède
avant de l'employer sur les personnes ? Mais (sans parler de
mes expériences réitérées sur les personnes même), je crois
avoir assez prouvé sur les bêtes , en les guérissant *deux fois
plus vite* (pour ne pas dire quatre), que l'on peut opérer
sur les personnes directement , sans remords de conscience.
N'en aurait-on pas , au contraire, de retarder davantage l'emploi d'un remède qui abrège de *moitié* , dans la brûlure , les
souffrances de la pauvre humanité (qui en a bien assez d'autres)
et qui guérit bien plus sûrement ?

Je ne terminerai pas ceci sans ajouter une observation im-
portante , relativement au pansement. Il est rare que la brûlure soit sans fièvre , sans complications avec d'autres ma-
ladies , cutanées ou internes. Moi , je procure le topique qui
doit agir immédiatement sur le point lésé; mais je suis

etrangère à l'emploi des remèdes qui doivent agir sur la masse des humeurs qu'il faut calmer ou hâter, épurer ou restaurer, ou qui doivent agir sur l'habitude entière du corps.

Renfermée depuis mon enfance dans mon laboratoire, où je m'occupe de diverses autres compositions dont tous les journaux ont parlé, depuis le grave *Moniteur* jusqu'au gracieux *Journal des Modes*, j'y vends mes compositions, comme tout autre chimiste vend les siennes chez lui, sans me mêler de les administrer au-dehors. C'est à MM. les médecins éclairés dans l'emploi des remèdes, à diriger, chacun auprès de ses malades, l'emploi de celui-ci. Je suis sûre de sa bonté ; j'ose croire que vous n'en doutez plus ; mais, certes, je ne puis me faire illusion sur mes faibles connaissance médicales, au point de ne pas croire que l'emploi de mon remède aura beaucoup plus d'efficacité entre les mains des gens de l'art, qu'il ne pourrait en avoir entre les miennes. A cet égard là je suis logée à la même enseigne que MM. les Apothicaires : ils savent faire les remèdes, mais sauraient-ils en diriger l'emploi comme le médecin qui a fait de cet emploi l'étude de toute sa vie ? J'avoue que je n'aurais pas confiance en l'apothicaire qui aurait cette prétention absurde, pour ne rien dire de plus ; pour moi, je confesse que je crois le moindre médecin plus habile à diriger l'emploi de mon remède, surtout dans les cas de complication de maladie, que je ne le serais moi-même, à supposer que je voulusse me livrer à cette application, ce qui est physiquement impossible. Que MM. les médecins, les grands hommes surtout, en ce genre, rassurés par votre suffrage, d'où dépend celui de l'Académie et du Gouvernement, fassent l'expérience de mon spécifique, comme il l'entendront, et je ne doute pas qu'en leurs mains il ne produise des merveilles beaucoup mieux qu'en les miennes. Je suis un peu chimiste, et non pas médecin ; mais ce que je suis beaucoup plus sûre-

ment, c'est d'être remplie d'estime pour le savant respectable, l'ami candide de la vérité, que mes petites expériences
m'ont procuré l'honneur de connaître; vous priant de me pardonner toutes les peines que je vous donne, et dont je vous
prie d'agréer ma vive reconnaissance; elle égale la haute considération avec laquelle j'ai l'honneur d'être,

Monsieur le Professeur,

Votre très-humble et très-
obéissante servante,
M. CHAUMETON.

N° VI.

Troisième expérience à l'Ecole royale vétérinaire d'Alfort.

Après l'idée heureuse de M. Vauquelin, d'appeler aussi la nature au
concours entre les anciens remèdes et le nouveau, pour rendre l'expérience plus comparative; j'en dois une autre fort lumineuse, pour
quiconque ne rejette pas la lumière, à M. le Professeur Dupuis. Il
a désiré qu'après ma seconde expérience, j'en fisse encore une troisième, qui a eu lieu aux mois de juin et de juillet 1825. De sorte que
les trois expériences ont eu lieu durant trois températures différentes,
le plus grand froid, la douceur du printemps, et la plus grande
chaleur. C'est ce qui a mis à même de compléter l'expérience comparative, que l'on à pris, avec raison, pour juge entre los anciens remèdes et le nouveau. Cette troisième expérience a confirmé les précédentes au fond. Mais il y a eu des différences que je dois noter.

La première, c'est qu'après plus de deux mois d'absence de ma
maison, le besoin d'y rentrer m'ayant forcée de quitter Alfort, alors
les pansemens du chien soumis à cette troisième épreuve, au lieu d'a-
voir lieu trois ou quatre fois par jour, toutes les fois que la pommade
en fusion vient à manquer sur la brûlure, ce dont on est averti par le
retour de la douleur; au lieu, dis-je, d'avoir lieu trois ou quatre fois pa$_r$
jour, les pansemens n'ont pu être faits qu'une seule fois, ce pourquoi
j'allais chaque jour de Paris à Alfort. Je n'ignorais pas que cela devait contrarier la rapidité de la cure. Ce chien n'a donc été guéri

(24)

que vers le trente-cinquième jour ; mais on peut conjecturer que si
les pansemens avaient eu lieu comme dans les précédentes expériences,
il n'y eût point de différence. Le chien de l'Ecole, soigné avec le meilleur
remède usité, comme les précédentes fois, fut guéri que vingt-huit
jours après ; mais quelle sorte de guérison ?

La deuxième diffrrence à noter est celle-ci : mon chien, loin d'a-
voir été tenu à l'abri des accidens, y avait été exposé de la manière
la plus cruelle. Le grand nombre de chiens enragés de cet été ayant
augmenté le nombre des malades de l'Ecole, le mien fut enfermé
parmi des chiens ayant atrappé la gale. Le vingt-cinquième jour, je le
trouvai dans sa loge, détaché et sa queue mordue ; ce qui m'intimida
et ralentit mes soins.

La troisième différence est plus essentielle. Le dixième jour les
chairs de la brûlure de mon chien étaient de niveau, et la peau d'un ton
naturel satisfaisant. Le dixième jour, les chairs de la brûlure du chien de
comparaison laissaient, au contraire, un creux assez sensible, bien
que la cicatrisation commençât à s'effectuer sur les bords. Mais une
chose plus notable encore, c'est que le milieu de la plaie était couvert
d'excroissances charnues, purpurines, de la forme d'un cône par-
fait, de la hauteur de   millimètres (un demi-pouce), sur une
base d'un diamètre égal au tiers de la hauteur. Il a fallu cautériser
tous ces cônes ! Le trente-cinquième jour, j'ai revu ce pauvre animal
avec encore une excroissance du même genre, mais plus petite, qu'il
a fallu aussi cautériser. Or, si la douleur est ce qu'il y a de pire dans
la brûlure, si elle est intolérable, délétère, combien il a dû souffrir
dans ces deux cautérisations ! tandis que chez le mien, fort tranquille,
les chairs revenaient, végétaient, sans lui occasionner aucune douleur.

Le soixante-troisième jour, fin de la cure, ce pauvre animale boitait.

N° VII.

Bordeaux, le 18 mars 1826.

Madame,

Au milieu de nos malheurs et de la consternation profonde
où ils nous ont jetés, nous vous devons des remercîmens bien

sincères, pour la promptitude des envois de votre excellente pommade. Les deux pots transmis par notre respectable pair, M. le comte de Marcellus, et les quatre autres envoyés par vous, nous sont parvenus en bon état, et l'application en a été faite sur-le-champ. Il nous tarde, Madame, de vous en annoncer les heureux effets; mais je n'ai pas voulu retarder l'expression de notre reconnaissance.

Veuillez, Madame, nous faire, sans perdre de temps, un 3ᵉ envoi bien choisi, et soigné par vous-même, et y joindre, je vous prie, la note de ce que nous vous devons pécuniairement, j'aurai soin de vous en transmettre le prix sur-le-champ.

J'ai l'honneur d'être avec reconnaissance et respect.

Madame,

Votre etc.,

Signé BARRÈS,
p. vic.-gén.

A Madame Chaumeton, rue St.-Dominique,
n° 11, près la rue des Sts.-Pères, à Paris.

N° VIII.

Je certifie que le sieur Bray (Ch.-Domini.) travaillant chez moi le 25 février 1826, à teindre de la soie de porc avec de la litarge anglaise, arsenic, etc. L'eau avait déjà servi trois fois; il ôta la chaudière qui bouillait. Voulant la déposer sur une table, elle glissa, et l'eau se répandit sur son bras gauche, et le brûla entièrement. Aux cris que fis le susnommé, je descendis, avec plusieurs personnes, un demi étage plus bas. Nous le trouvâmes assis sur une chaise; nous lui ôtâmes ses vêtemens. Un garde-du-corps à pied, en lui retirant sa chemise et son gilet de laine, lui arracha une partie de la peau. On lui dit d'aller trouver les dames de la charité; elles lui indiquèrent d'aller trouver Madame Chaumeton; il y fut trois jours après; il vint

5

nous dire qu'elle lui avait donné un onguent blanc qu'il nous montra ; depuis cette époque, il en a fait usage, et son bras fut entièrement guéri le quinzième jour.

C'est pourquoi je lui ai délivré la présent certificat pour lui servir ce que de droit.

Signé, REDON, rue Grenier-Saint-Lazare, n° 17. — Certifié le présent véritable, signé, ROHAN. — Je certifie le présent véritable, signé, LANTHANN. — Certifié comme ci-dessus, signé, LA BILDARDIÈRE, propriétaire de la maison sise rue Grenier-Saint-Lazare, n° 17, et y demeurant. — Je certifie d'avoir été présent à l'accideut, signé, FLEURY, rue Grenier-Saint-Lazare, n° 35.

Vu pour légalisation des signatures : Redon , Fleury et Rohan , apposées ci-dessus.

Le commissaire de police du quartier Saint-Avoie ,
Signé, LECROSNIER.

Paris, ce 7 mars 1826.

N° IX.

Paris le 18 avril 1826.

Madame,

J'ai l'honneur de vous annoncer que je viens d'employer avec succès votre pommade pour les brûlures, sur un ouvrier forgeron de mon quartier.

Vendredi dernier, à 8 heures du matin, un morceau de fer rouge lui sauta à l'œil droit, lui brûla les paupières, et une partie de la joue, près de l'œil. J'appliquai votre pommade dans la soirée, et la douleur, qui était très-vive, disparut aussitôt. L'autre œil, qui était affecté sympathiquement et ne pouvait supporter la lumière, put la voir à l'instant presque sans douleur.

Les paupières sont devenues le siège d'une petite suppuration qui n'existait presque pas ce matin.

L'œil va on ne peut mieux, et tout fait croire qu'il serait tout-à-fait guéri si cet homme n'eut été exposé au vent, et si les cils, brûlés et par conséquent crispés, n'irritaient les bords des paupières.

J'avais un de vos pots de pommade, que j'ai usé entièremente j'aurai probablement encore un ou deux pansemens à faire, je vous serai obligé de vouloir bien m'en envoyer promptement.

J'ai l'honneur d'être,

Madame,

Votre très-humble serviteur, *Signé*, F....... pharmacien,
rue Moutholon.

Madame Chaumeton, rue St.-Dominique,
n° 11, faub. St.-Germain.

N° X.

Bordeaux, le 2 juin 1826.

MADAME,

Vous avez écrit à Mgr. l'archevêque de Bordeaux, le 24 du mois dernier, pour lui demander de donner un avis approbatif à la pommade que vous lui avez envoyée, et qui a contribué à la guérison de ses brûlures.

Le vénérable prélat est dans un état de faiblesse qui ne lui permet pas de faire ce que vous désirez, et les médecins se sont refusés unanimement à donner l'attestation demandée.

Veuillez recevoir, Madame, l'expression de nos regrets et celle de notre parfaite considération.

Pour Monseigneur l'Archevêque malade,

Ses vicaires-généraux,

Signé, BARRÈS, MOREL,
p. vic.-gén. vic.-gén.

Madame Chaumeton, rue Saint-Dominique,
N° 11, à Paris.

N° XI.

Madame,

Comme je l'ai dit à la personne qui est passé chez moi, je vous prie de mettre un petit mot à la poste, dans lequel vous me direz à quel prix au juste vous me passerez votre pommade, et le nombre de pots que j'ai reçus. Nous déduirons de ce nombre ceux qui ont été employés aux expériences sur les personnes que nous avons soignées en commun. Je vous dirai combien j'ai reçu de différens paiemens, enfin nous règlerons tout lorsque vous vous donnerez la peine de passer.

Vous m'obligerez en m'en envoyant quelques pots, car il ne m'en reste plus; mais je tiens beaucoup à en savoir le prix. Mon intention est de la faire connaître par le moyen d'une pancarte à mes vitres dans ma nouvelle maison. J'en ai déjà parlé à quelques médecins, mais je n'ai eu encore que les cliens que le hasard m'a fait rencontrer.

Je compte sur l'honneur de vous voir bientôt chez moi, mes occupations m'empêchent de vous rendre ma visite.

Recevez, madame, l'assurance de ma considération.

Signé, F . . . . ., Pharmacien , rue Montholon.

Madame Chaumeton, rue St.-Dominique ,

n° 11, faub.-St.-Germain.

N° XII.

Je sousigné, Docteur en médecine, certifie que Mme Chauveau a réclamé hier mes soins pour une brûlure de la face supérieure du pied droit, et que la pommade Chaumeton qu'elle y a appliquée presqu'à l'instant même, a empêché les progrès de l'enflammation, au point que les douleurs, qui étaient très-vives au moment de sa brûlure, ont cessé presqu'à l'instant même.

Paris, ce 18 décembre 1826.

Signé TALLARD.

J'atteste que l'accident est arrivé chez Mme Prieur, par suite d'une cafetière d'eau bouillante qui a été renversée sur le pied.

Signé TALLARD.

Signé F.^{me} PRIEUR, sage-femme, ,
rue des Marmouzets, n° 16.

N° XIII.

ADMINISTRATION GÉNÉRALE
DES HOPITAUX ET HOSPICES CIVILS.

MAISON ROYALE DE SANTE.

Reçu de Madame Prenet, entrée ce jour, la somme vingt francs, pour trois jours, du 29 décembre, huit heures du soir, au 31 dudit inclusivement.

Le préposé aux recouvremens,

Signé, B. FOURNIER.

Paris, le 29 décembre 1825.

Nota. Le paiement de chaque quinzaine est de rigueur le jour de l'échéance de la quinzaine précédente au plus tard.

Le bureau est ouvert depuis neuf heures jusqu'à quatre.

N. B. Le bas de la jambe gauche brûlé avec de la graisse bouillante, et une seconde fois avec du bouillon gras, reçu sur la jambe. Le chirurgien de garde annonça à M. Dubois la brûlure très-grave, et sa surprise fut grande de ne trouvre qu'une petite cloche de la grosseur d'une lentille, sans enflure, ni rougeur. M. Dubois dit à la malade de continuer le même mède (Chaumeton).

Imprimerie de J.-M. CHAIGNIEAU fils, rue Montmartre, n° 21.